天子大進擊

歷代帝王的千秋萬世

韓明輝 著

「朕還有很多你不知道的事。」

目錄
CONTENTS

壹

秦始皇嬴政

一直被模仿，從未被超越

中國二千多年的帝制時代裡，一共出了四百多位皇帝。

其中，優秀者比比皆是。但敢說自己德行比「三皇」好，功勞比「五帝」大的，恐怕只有秦始皇一人。

做為自戀狂，秦始皇給了自己五星好評，但大家又是怎麼評價他的呢？

有人將他誇成花，也有人將他罵成渣，還有不少人在背地裡黑他！

事實上，秦始皇招黑不是一天、兩天的事了。打他出生的那一刻起，就被黑得體無完膚。

聽說了嗎？秦始皇不是他爸秦莊襄王的親兒子！

聽說了，聽說了！據說，他是丞相呂不韋和他媽趙姬生的娃！

為何大家都說秦始皇不是秦莊襄王的親兒子呢？

> 吃瓜群眾，你們準備好了嗎？馬上給大家分享呂不韋、秦莊襄王和趙姬三個人的大瓜！

　　起初，呂不韋是個身家千金的富豪。儘管數家裡的錢就能數到手抽筋，但他仍然感覺自己是個窮人。

　　於是，他決定賭上所有家產到趙國做一筆大買賣。

呂不韋打算做什麼大買賣呢？據說，他曾問老爸：「種地能獲得幾倍利潤？」老爸回答：「十倍！」他又問：「做珠寶生意呢？」老爸回答：「一百倍！」他繼續問道：「如果擁立一位國君呢？」老爸吃驚地回答：「那就無法估量了！」呂不韋笑了笑，說：「即便我沒日沒夜地掙錢，仍然不能保證永遠富有，而擁立國君卻能讓子子孫孫衣食無憂，我打算幹他一票！」

擁立國君是一場豪賭，如果賭贏了，你將大富大貴；如果賭輸了，你將傾家蕩產。你可想好了？

富貴險中求，大不了從頭再來！

當時，還處在戰國時期。其間，有七大強國，後世稱「戰國七雄」，分別是齊、楚、燕、韓、趙、魏、秦。

腦回路清奇的呂不韋偏偏瞧不上那些潛力股，卻選中了秦國太子安國君的兒子——異人。

在大家看來，當時的異人完全是支垃圾債券。為何這麼說呢？理由有兩個：一、安國君有二十多個兒子，異人排行居中，自己和老媽都不受寵，如果和兄弟們爭奪王位，他毫無競爭力可言；二、異人當時被秦國送到趙國當人質，即便他爸做了秦王，遠在趙國的他，也無法和兄弟們爭奪王位。

有那麼多潛力股你不選，為何偏偏選中一支垃圾債券呢？

因為我能變廢為寶！

有一天，呂不韋專程到異人家串門子，開門見山地對他說：

當時，商人沒什麼社會地位，連農民都不如，異人哪裡肯相信呂不韋能捧紅他！

當呂不韋將捧紅他的一系列操作講了一遍後，他「撲通」一聲跪在呂不韋面前，還說：

呂不韋打算如何捧紅異人呢？他只用了兩招。

第一招，給異人一筆鉅款，讓他拓展人脈，提升知名度。

第二招，他親自攜帶大批稀奇珍寶到秦國，遊說安國君最寵幸的老婆華陽夫人，讓她勸安國君立異人為繼承人。

靠美色侍奉別人，一旦年老色衰，就會失寵。雖然安國君現在對妳愛得死去活來，但等妳變老變醜了，怎麼辦呢？更何況妳有一個很大的短處：沒有兒子。等妳老了，豈不是要無依無靠？

　　呂不韋的一番話，戳到了華陽夫人的痛處。隨後，呂不韋又順勢幫她打了一劑止痛針。

不如趁妳現在得寵，在安國君的兒子中找個既有才又孝順的，認他做兒子，並立他為繼承人。即便哪天安國君不在了，妳認的兒子也會繼承王位，妳依然不會失勢！

這個辦法好！

呂不韋見華陽夫人有心入坑，立刻向他推銷異人。

異人排行居中，怎麼輪也輪不到他來繼承王位。如今，他自願依附於夫人，如果夫人能拉他一把，他一定會對夫人感恩戴德。等他做了秦王，夫人還怕在秦國不能一輩子受寵嗎？

就選異人了！

呂不韋與華陽夫人很快達成共識。
接下來，就是如何搞定安國君了。

華陽夫人是一個擅長使用眼淚的高手，幾滴眼淚下去，就搞定安國君，立異人為她的嫡子，並賜名「子楚」。

能做你的老婆，我很幸運，但不幸的是沒有給你生個兒子。有一天，你不在了，我可怎麼辦啊？異人人氣高，又孝順，你要是能立他做繼承人，我今後就有依靠了！

這還不是小事一樁嘛，都依妳！

　　不久，安國君與華陽夫人郵寄很多禮物給子楚，並聘請呂不韋當他的助理。

　　就這樣，子楚成功鹹魚翻身！

　　子楚能夠大紅大紫，全靠呂不韋精心運作。按理說，子楚理應感激涕零，對吧？但子楚不但沒有知恩圖報，反而還惦記上呂不韋的老婆趙姬。

為了捧紅子楚，呂不韋幾乎傾家蕩產，但沒想到他竟然還靦著臉向他要老婆！當時，呂不韋氣得臉都綠了。

　　呂不韋本來想翻臉，但轉念一想，能做的都做了，還差這件事嗎？於是，他狠下心將趙姬送了出去。

然而，大家之所以說秦始皇是呂不韋的兒子，而非後來成功做了秦莊襄王子楚的兒子，就是因為他們認為，呂不韋將趙姬送給子楚時，趙姬已經懷上了秦始皇。

為何說秦始皇是秦莊襄王而非呂不韋的兒子呢？原因主要有兩個：一、擾亂王室血統是要滅族的。呂不韋是個商人，只想大富大貴。他雖然熱衷搞風險投資，但他敢拿全族的性命冒險嗎？再說了，當時無法做超音波檢查，他怎麼能斷定趙姬懷上的一定是男孩？如果是女孩，豈不是功虧一簣，而且還要承擔滅族風險？二、據《史記》記載，秦始皇是「至大期時」所生。「大期」是指十個月，也有人說是十二個月。人都是十月懷胎，如果趙姬早已懷孕，怎麼可能再過十個月或十二個月才生出秦始皇呢？

我是我老爸秦莊襄王的兒子！今後，哪個要是再敢造謠，我讓他和兵馬俑一起陪葬皇陵！

既然秦始皇是秦莊襄王的兒子，為何大家非要說他是呂不韋的兒子呢？主要有兩個原因：一、秦始皇滅了六國，六國人對他恨之入骨，就想黑他。而呂不韋恰恰不是秦國國籍，屬於六國範疇，如果他是呂不韋的兒子，那就意味著，他不是秦國人，也不是秦國滅了六國，而是六國滅了秦國。二、呂不韋一生禮賢下士，手下擁有三千門客。後來，他被秦始皇逼殺，很多門客對此憤憤不平，所以才會四處造謠。

子楚繼承王位後，他的兩位大恩人——呂不韋和華陽夫人得到什麼好處呢？

華陽夫人成為華陽太后，可以在秦國繼續享受尊寵！呂不韋不但封侯拜相，還得到十萬戶的封地，比萬戶侯威風多了！可以說，他們與子楚都是人生大贏家！

至此，子楚走上人生巔峰。這下可以盡情地享受帝王生活了吧？

　　然而，誰都沒有想到，他竟然是個短命鬼，只做了三年秦王就去世了。

　　接下來，子楚的兒子，年僅十三歲的秦王嬴政，也就是未來的秦始皇，正式出道。

子楚死後，沒想到耐不住寂寞的趙姬卻和呂不韋搞起了地下情。

這事如果讓嬴政知道了，呂不韋就死定了。但呂不韋又不敢向趙姬提分手，因為他怕趙姬會死纏爛打。

如何才能全身而退呢？呂不韋做了一件看似聰明的蠢事：將猛男嫪毐介紹給趙姬，讓他替自己頂缸。

自從有了新歡，趙姬很快便忘記舊愛。

　　世上沒有不透風的牆。等嬴政成年後，趙姬和嫪毐私通的事還是暴露了。嬴政很生氣，抓住嫪毐，將他大卸八塊。

嫪毐是死了，但有沒有成功替呂不韋頂缸呢？不但沒有，反而還連累了呂不韋。

　　嬴政先將呂不韋趕出京城，隨後又將其逼殺。

　　處理完家事，嬴政才開始專心拚事業。

此時，秦國如狼似虎，而其他六國呢？猶如六隻待宰的羔羊。嬴政只用了十年，就將它們全滅了，建立中國歷史上第一個大一統王朝：秦朝。

這時，贏政有點囂張了，自認為比三皇五帝還厲害。他感覺稱王已經配不上他，便從「三皇五帝」中挑出兩個字，改稱「皇帝」。

從此以後，每位帝王都模仿秦始皇的操作，稱「皇帝」。

此外，嬴政還對子孫後代進行數位化管理，他自稱「始皇帝」，後世子孫一律稱二世、三世，直到萬世。

我大秦帝國要
萬世不朽！

給你劇透一下，大秦
帝國最終二世而亡！

稱帝後，秦始皇都做了哪些大事呢？

一、廢除分封制，實行郡縣制

實行分封制的朝代，沒有不發生動亂的。例如東周的戰國時期，西漢的七國之亂，以及西晉的八王之亂！

分封制始於何時至今已經無法考證，但興盛於周朝。周天子將天下分成很多份，分封給王室子弟、功臣等人。得到封地的國君被稱為「諸侯」，是封國裡的老大，且可以將國君之位傳給後代子孫。不過，分封制有一個很大的缺點：分封的諸侯愈多，天下愈亂。因為諸侯們不是省油的燈，都想擴大地盤。但蛋糕就那麼大，你想多吃多占，就得去別人那裡搶。所以，只要實行分封制，仗就會打個沒完沒了。

什麼是郡縣制呢？就是不分封諸侯，將天下劃分為若干個郡和縣。郡和縣的長官由中央直接任命，且不能世襲。如果這些長官不做或去世，中央會重新任命新長官。有利於加強中央對地方的控制，同時可以避免出現諸侯混戰的局面。

二、統一貨幣、文字、車軌和度量衡

以前，各諸侯國使用的貨幣大多不一樣，就像美國用美元，日本用日圓，中國用人民幣一樣，如果想出國消費，還得考慮是否兌換貨幣。

當時，七國用的是什麼貨幣呢？秦國主要用圜錢，韓國、趙國、魏國用布幣，齊國、燕國用刀幣，楚國用銅貝（也稱蟻鼻錢）。戰國時期，出國需要兌換貨幣嗎？不需要。不過，需要稱一稱貨幣的重量，因為各國的貨幣都是用銅製成，等重的貨幣幾乎能在任何國家購買同等價值的東西。

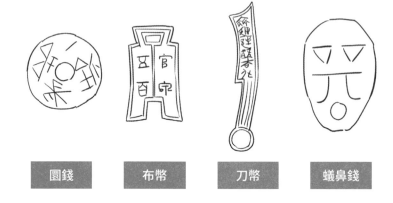

| 圜錢 | 布幣 | 刀幣 | 蟻鼻錢 |

各國文字的寫法也不大一樣，同一個字甚至有很多種寫法。

你想寫封情書給異國妹子，人家都看不懂你想說什麼，會不會很尷尬？

各國的車大的大、小的小，就連道路寬窄也不一樣。

各國的長度、容量和重量單位也有很大差別。

秦始皇稱帝後，將它們統統改為統一標準。例如，統一使用秦半兩錢買東西，寫字都用小篆。

今後再外出，就不用擔心各種不方便了！

三、南征百越，北擊匈奴，修建萬里長城

南方的百越人、北方的匈奴人，動不動就到中原鬧事。

秦始皇早就看他們不順眼了，滅掉六國後，立刻派遣數十萬大軍去收拾他們。

秦始皇不但打趴他們，還搶了不少地盤。

為了避免匈奴人再來鬧事，秦始皇還將秦國、趙國、燕國的長城連接起來，這才有了聞名天下的萬里長城。

如果沒有長城，就得派無數士兵把守邊疆，將會浪費大量人力、物力。一旦有了長城，匈奴鐵騎很難翻過長城入侵中原。

對付匈奴，為何要修建長城呢？

四、尋找長生不老藥

秦始皇一直有個長生不老的夢。

如果能長生不老，我就能世世代代統治天下！

為了能夠長生不老，他不但派出大批能人去尋找仙藥，還養了不少術士替他煉丹，可惜始終未能如願以償。

誰能告訴我如何才能長生不老？

保持呼吸，不要斷氣！

五、焚書坑儒

　　焚書與坑儒其實是兩碼事。秦始皇為何要焚書、坑儒呢？

　　焚書，是因為秦始皇認為讀書人愛批評朝廷，蠱惑老百姓，索性把諸子百家的書全燒了，只留下醫學、占卜、農林一類的書。

　　坑儒，即「坑殺儒生」。不過，到底坑殺的是儒生，還是術士，目前存在很大爭議。

事實上，坑殺的很可能是替秦始皇煉丹的術士。這幫人煉製不出丹藥不說，還經常做一些違法亂紀的事。起初，秦始皇對他們睜一隻眼、閉一隻眼。後來，有兩個術士背地裡說他貪戀權力，不可能有人會替他弄到長生不老藥，這下可把秦始皇氣壞了。他立刻派人調查術士們的不法行為，沒想到大家狗咬狗，牽扯到四百六十多人，秦始皇把他們全部活埋了。

秦始皇一生天不怕、地不怕，唯獨怕死。然而，他愈怕什麼，愈來什麼。

有一年，有一顆隕石墜落在東郡，有人想羞辱他，故意在隕石上刻了七個大字：始皇帝死而地分。

不久，又發生一件怪事。使者在外出差期間，遇到一個怪人。怪人攔住他，遞給他一塊玉璧，還說：

請替我將這塊玉璧送給滈池君（水神），就說：「今年祖龍死！」

使者剛要問其原因，怪人突然消失不見了。

使者回去後，把這事彙報給秦始皇，差點把秦始皇氣死。

秦始皇認為那個怪人是由山鬼幻化而成，便欲蓋彌彰地解釋說：

這事搞得秦始皇寢食難安，他便找人來驗看玉璧。

不看不打緊，一看更鬱悶。因為這正是八年前渡江時，祭祀江神的那塊玉璧。

這下可把秦始皇嚇壞了。他連忙叫來卜官占卜吉凶。

秦始皇一聲令下，三萬個家庭被迫搬家。與此同時，他決定於第二年外出巡遊，但他哪裡會想到這是他最後一次巡遊。

途經河北時，秦始皇駕崩了，享年四十九歲。

秦始皇雖然去世了，但他卻不知道自己埋下一顆地雷給秦朝，因為他在生前沒有確立繼承人。

小知識

秦始皇為何不確立繼承人呢？道理其實很簡單，因為只有會死的人才需要繼承人，而他自認為會長生不老，所以不需要繼承人。同時，他自信過了頭。他自認為即便自己死了，餘威還在，沒人敢篡改他的遺詔。結果呢？他剛死，遺詔就被人篡改了。

快告訴我，是誰篡改了我的遺詔，我將他帶走！

秦始皇在遺詔裡寫了什麼呢？又是誰篡改他的遺詔呢？遺詔裡說，將駐守邊疆的長子扶蘇召回，讓他主持秦始皇葬禮，其言外之意就是讓他回去繼承皇位。豈料大宦官趙高卻聯合公子胡亥、丞相李斯偽造一封詔書，逼死扶蘇，讓胡亥繼承皇位。而胡亥就是中國歷史上一個特別「二」的皇帝——秦二世，秦朝就是毀在他手中的。

如果扶蘇能順利繼承皇位，秦朝還會二世而亡嗎？

扶蘇口碑好，粉絲多，就連後來揭竿而起的陳勝、吳廣都是他的粉絲。如果他能順利繼承皇位，一定會廢除秦始皇時期的嚴刑峻法，帶領百姓奔向安居樂業，那麼秦朝將不會二世而亡！

貳

漢武帝劉徹

能動手，就別吵吵

西漢時期，有個亦正亦邪的皇帝。你說他是暴君，他又雄才大略，知人善任；你說他是明君，他又窮奢極欲，窮兵黷武。

猜到這個人是誰了吧？沒錯，他正是漢武帝劉徹。

其實，一開始輪不到劉徹繼承皇位。

當時，實行的是嫡長子繼承制。他既不是嫡長子，又在兄弟中排行居中，所以他本來沒什麼希望接他爸的班！

那麼，後來天上掉下來的餡餅為何偏偏砸中劉徹呢？

這還要感謝兩個女強人：一個是他爸漢景帝的姊姊館陶公主劉嫖，另一個是他媽王娡。

我的「上位史」簡直就是一場精彩的宮鬥劇！

劉嫖有個寶貝女兒叫陳阿嬌，起初，她想將阿嬌嫁給太子劉榮做太子妃，但太子他媽——栗姬死活不答應。

　　為何不答應呢？因為劉嫖經常送美女給她老公，導致她漸漸失寵，所以非常憎恨劉嫖。

只要我還有一口氣在，妳休想讓女兒嫁給我兒子！

你會後悔的！

　　栗姬不答應，難道阿嬌就做不成太子妃了嗎？不，劉嫖還有辦法。

把太子換掉，換成一個願意娶我女兒的人當太子，不就行了嘛！

機智！

很快，劉嫖又為女兒選中一個新對象，而這個人就是王娡的兒子劉徹。

小知識

據說，劉徹還是個小屁孩時，劉嫖曾問他：「小朋友，你想娶媳婦嗎？」劉徹點了點頭。劉嫖指著身邊上百個宮女說：「你挑一個吧！」沒想到劉徹一個都沒相中。劉嫖又指了指阿嬌，說：「我把阿嬌姊姊嫁給你好不好？」劉徹開心地回答道：「如果我能娶到阿嬌姊姊，我就幫她建造一座黃金屋，把她藏到裡面！」這就是「金屋藏嬌」的故事。

劉嫖想把女兒嫁給劉徹，王娡會不會像栗姬一樣拒絕呢？

王娡比栗姬精明多了，她知道和劉嫖結親意味著什麼，所以毫不猶豫地答應了。

太子是儲君，不是大門保全，可不是說換人就換人的！

那麼，劉嫖打算如何糊弄漢景帝讓他廢掉劉榮呢？

只要擊垮栗姬，這事就成了！所以，一逮住機會，劉嫖就在漢景帝面前說栗姬壞話。

栗姬和你其他老婆聚餐時，經常讓人在她們背後吐口水，詛咒她們，還用巫術害人！

她這麼惡毒，難道不怕我休了她嗎？

　　就在漢景帝逐漸疏遠栗姬時，栗姬又做了一件搬石頭砸自己腳的事。

　　有一次，漢景帝生病了，心情很糟，便想將那些封王的兒子託付給栗姬，並說：「等我死了，希望你能善待他們。」但凡有點情商的人都會毫不猶豫地答應，因為只有這樣，漢景帝才會安心將皇位傳給她兒子。但栗姬呢？不但沒答應，而且說話還夾槍帶棒，把漢景帝給氣個半死。

就在這時，一直蟄伏的王娡趁機跳出來，給了栗姬致命一擊。她趁漢景帝正在氣頭上，暗中派人奏請立栗姬為皇后。

漢景帝一氣之下，不但把請求立栗姬為皇后的人給殺了，還把劉榮的太子之位給廢了。

　　兒子被廢，栗姬更加憤憤不平，很快便鬱鬱而終。

　　由於劉嫖經常替王娡母子在漢景帝面前說好話，所以不久王娡就被立為皇后，劉徹被立為太子。

　　漢景帝一死，劉徹順利繼承大統，史稱「漢武帝」。

劉徹做太子後，劉嫖如願以償地讓陳阿嬌做太子妃。劉徹即位後，陳阿嬌又做了皇后。陳阿嬌本來握著一手好牌，卻被她打得稀爛。她不但刁蠻任性，而且善妒，曾因劉徹寵幸其他老婆多次尋死覓活。後來，她做了一件非常出格的事：用巫術詛咒他人。劉徹最終忍無可忍，把她給廢了。

金屋妳是住不了了，妳很適合住冷宮！不過，念在妳媽幫我奪位的分上，就讓妳住在環境舒適的長門宮吧！

　　漢武帝是個既有故事，又有事故的人。來看看在他身上都發生了哪些事。

一、實行推恩令，加強中央集權

為何要煞費苦心地實行推恩令呢？都是分封制惹的禍。

幾十年前，秦始皇不是將分封制徹底廢除了嗎？為何到了漢朝又出現了呢？因為漢高祖劉邦將秦朝二世而亡的原因歸結於沒有分封諸侯王。他認為，如果將老劉家的人分封到全國各地，建立諸侯國，一旦有人造反，這些諸侯王就能幫忙。當然了，他心裡清楚，如果全面實行分封制也容易出事。怎麼辦呢？實行郡國並行制，即在實行郡縣制的同時，又實行分封制。結果分封出去的諸侯王不但沒幫上忙，反而還處處和中央作對，甚至公然造反。漢景帝時期就曾發生七國之亂，儘管叛亂被平定，但未能徹底解決問題。

如何才能徹底消滅諸侯國，又不會逼得諸侯王造反呢？

有個叫主父偃的機靈鬼，出了一個好點子給漢武帝，而這個好點子就是「推恩令」。

推恩令好在哪裡呢？以前，諸侯王去世後，王位和封地都由嫡長子繼承。實行推恩令後，封地不僅要分封給嫡長子，還要分封給其他兒子，並讓他們建立侯國。如此一來，新任諸侯王的封地就會變得愈來愈小，而那些原本不該得到封地的兒子也會對漢武帝感恩戴德。然後，漢武帝再各種找碴，將他們削爵、奪地，甚至除國。這樣，諸侯國就像溫水煮青蛙一樣被消滅了。

有一年，我以列侯進獻的黃金成色和重量有問題為由，一口氣奪去一百零六人的爵位！

-106

二、罷黜百家，獨尊儒術

西漢初期，諸子百家學說中，每一派學說都有一大票粉絲。

學說不同，粉絲們思考問題的方式自然不同，導致大家三觀不合。

和你們道家的粉絲閒聊，
簡直就是雞同鴨講！

和你們儒家的粉絲閒聊，
簡直就是對牛彈琴！

思想上不整齊劃一，不利於大一統。

為了讓大家別想歪，就得統一思想。於是，漢武帝採納儒家的鐵粉 —— 董仲舒的建議：罷黜百家，獨尊儒術。

從此以後，儒家學說成為中國二千年來的正統和主流思想！

三、痛擊匈奴

西漢建國以來，在大草原上整天閒得發慌的匈奴人，隔三岔五就到中原打砸搶劫一番。

這幫人搶完就跑，你去追，又追不上；你派人到他們的地盤收拾他們，經常連個人影都找不到！

如何對付這種很奇葩的對手呢？西漢想到一個更奇葩的辦法：送女人給匈奴單于，就是所謂的「和親」。

匈奴單于自從娶了西漢的萌妹子後，瞬間變成顧家的好男人，不再整天外出打打殺殺，西漢邊境從此獲得安寧。

天底下沒有大漢搞不定的事！

一開始，這招還蠻好用。但時間久了，就不管用了。

要是其他皇帝，能忍就忍了，但漢武帝忍不了！

他三番五次派兵到匈奴的老巢砸場，直到把匈奴人打得跪地求饒才甘休。

其實，挨過漢武帝打的不只有匈奴，還有大宛、樓蘭、龜茲、朝鮮等。

然而，世上恐怕沒有比打仗更花錢的事了。

但國家哪來的錢呢？還不是靠花樣徵稅，搜刮老百姓！

所以，皇帝雖然打爽了，卻把老百姓打窮了，也差點把國家打垮！

　　漢武帝知道自己犯了眾怒，於是下「輪臺罪己詔」，進行一番自我評價。

　　從此以後，他開始大力發展經濟，帶領民眾發家致富。所以，他依然稱得上是一位明君。

知錯能改，善莫大焉！

四、巫蠱之禍

當時，國內遍地都是以用巫蠱之術糊弄人為業的巫師。

「巫術可以害人」這事，雖然現在看來全是扯淡，但在當時卻收割不少腦粉，其中就包括漢武帝的老婆們。

那些失寵的妃嬪為了重新獲得寵幸，整了不少木偶人，將它們埋在地下，詛咒那些得寵的妃嬪。

我詛咒衛夫人那個小蹄子不得好死！

　　然而，這些妃嬪一旦發生摩擦，就會誣告對方使用巫術詛咒皇帝。

陛下，這個小賤人詛咒你吃泡麵沒有熱水！

陛下，這個小賤人詛咒你喝珍珠奶茶沒有粗吸管！

當時，不僅是皇帝，幾乎所有人都談「巫」色變。

漢武帝一氣之下，將所有涉及巫術一事的妃嬪、宮女等數百人全給殺了。

有一次，漢武帝做了一場噩夢：夢見幾千個木頭人拎著棍棒要揍他。當時，可把他嚇壞了。

從那以後，我整個人都不好了！
不但身體不舒服，還精神恍惚，
甚至連記憶力都下降了！

　　做噩夢不是一件很正常的事嗎？誰會想到竟然被一個叫江充的害人精給利用，並掀起一場血雨腥風！

太子，準備迎接狂風暴雨吧！

江充為何要整太子呢？因為他和太子合不來，擔心太子繼位後會殺他，所以決定先下手為強。

　　如何透過一場噩夢除掉太子呢？江充先將木偶人偷偷放入太子府中，然後誣陷太子使用巫蠱之術詛咒漢武帝，才導致漢武帝身體不適。

江充有物證，太子渾身是嘴也說不清。

　　怎麼辦呢？太子一不做、二不休，假傳聖旨，先把江充殺了。

　　此時，長安城中一片大亂，紛紛傳言太子造反。

　　當時，漢武帝正在長安城外的甘泉宮養病。說什麼都不相信太子會造反，於是派一名使者召太子前來問話。

去把太子給我叫來，
讓他給我解釋一下，
這到底是什麼情況！

陛下放心，
保證不辱使命！

　　誰都沒有想到，使者竟然是個貪生怕死的人，不敢去長安，裝模作樣地出去閒晃一圈，回去騙漢武帝說：

太子確實反了！他還要殺我，
要不是我跑得快，恐怕再也見
不到陛下了！

看來這個逆子
是真造反了！

這下，漢武帝確信太子已經謀反，立刻召集兵馬攻打長安。

此時，太子不知道漢武帝是生是死，以為有奸臣作亂，便帶人和漢武帝的人打了起來。

太子哪裡是漢武帝的對手，很快被打敗。倉皇逃出長安，躲在一個老百姓家，靠人賣草鞋供養他。

不過，後來走漏消息。當地政府立刻派兵圍捕太子，太子無路可逃，又不想受辱，便上吊自殺了。

過了一段時間，漢武帝愈想愈不對勁，他開始懷疑太子死得有些冤。

此時，儘管有不少人知道太子是冤枉的，卻沒有人敢替太子鳴冤。為什麼呢？當初凡是幫助過太子或替太子鳴不平的人，全被漢武帝殺了。

替太子喊冤如同送人頭！
如果你不想活，大可一試！

有個替漢高祖守墓的小官叫田千秋，他想到一個替太子鳴冤的好注意。他上書給漢武帝說：

兒子擅自動用老爸的軍隊，打幾鞭，教訓一下，不就行了嘛！至於天子的兒子，一不小心誤殺了人，這能算什麼罪過呢！我先聲明一下：這話可不是我說的，是我夢到的一位白頭老翁教我這麼說的！

田千秋所說的白頭老翁是誰呢？很明顯是漢高祖了！

經過田千秋這麼一點撥，漢武帝恍然大悟，原來自己錯怪了太子！

一氣之下，漢武帝滅了江充三族，並將當初那些在「平叛」中立過功的人全殺了。

人死不能復生，漢武帝雖然追悔莫及，卻也無濟於事。為了寄託對兒子的思念，他建造一座思子宮。

希望我兒泉下有知，能夠原諒老爸。

五、殺母立子

　　太子死後，漢武帝遇到一個難題：立誰為太子呢？

　　漢武帝選中年僅五、六歲的小兒子 —— 劉弗陵。

漢武帝有好幾個成年的兒子，但為何偏偏選中僅有幾歲的劉弗陵呢？主要有兩個原因：一、劉弗陵長得粗壯結實，又聰明，漢武帝認為這些很像他；二、據說，劉弗陵和堯一樣，都是老媽懷孕十四個月才生下的，漢武帝認為他與眾不同。

不久，漢武帝做了一件匪夷所思的事：選中劉弗陵的同時，殺了他媽鉤弋夫人。

自古以來，國家出事都是因為國君年幼，而其母風華正茂。女主獨居，往往會驕橫不法，淫亂不止，為所欲為，但又沒有人能制止她。所以，她必須死！

陛下既然打算立劉弗陵為太子，為何又要殺了他媽呢？

立劉弗陵為太子兩天後，漢武帝便去世了，享年七十歲。

我這一生，幹過好事，也幹過糊塗事，至於是誇，還是罵，全憑各位心情！

參

光武帝劉秀

本以為是青銅，沒想到是個王者

在古代，秀才們很難擺脫一個魔咒，就是「秀才造反，三年不成」。

不過，有個窮秀才卻石破天驚地打破這個魔咒。他就是同時擁有「中興之君」與「定鼎帝王」兩大頭銜的光武帝劉秀。

劉秀是漢高祖的九世孫，說起來也是名正言順的「皇九代」。

「皇九代」本該是含著金湯匙出生的人，但劉秀卻沒什麼含金量。為何呢？因為他祖上不爭氣，混得一代不如一代。到他爹時，僅做了一個小小的芝麻官。芝麻官好歹也是官，至少比老百姓強吧？但悲摧的是，他爹在他九歲時就去世了，讓他與兄妹們變成孤兒。

雖然家道中落，劉秀好歹是皇親國戚，卻在十四歲那年，他和皇帝從此再無半點瓜葛。

這是為何呢？

因為國家換大老闆了，而這個大老闆就是建立新朝的王莽！

小知識

王莽本來是外戚，一開始口碑特別好，在朝中圈粉無數。然而，有一天，他卻突然翻臉，推翻西漢王朝，建立「新朝」。

在新朝，劉秀變成一名農民。知道他當時最大的愛好是什麼嗎？種地！

他哥哥劉縯卻特別討厭種地，只喜歡結交天下豪傑。為此，劉縯還經常嘲笑劉秀，把他比作漢高祖的二哥劉仲。

漢高祖發跡前和劉縯一樣，不喜歡務農，就喜歡交朋友。他爹經常罵他是個無賴，說他不如老二會種地。後來，漢高祖做了皇帝，曾問他爹：「以前你說我無所事事，不如二哥，現在我的事業和二哥比起來，誰的更大呢？」漢高祖一句話問得他爹面紅耳赤。

後來，劉秀依依不捨地離開他的一畝三分地，跑到長安去求學。

其間，做為一名沒見過什麼世面的秀才，他曾在大街上遇見執金吾盛大的車隊，感覺簡直酷斃了，於是十分羨慕地說：

仕宦當作執金吾，娶妻當得陰麗華！

什麼是「執金吾」呢？相當於現在的警察，負責保衛京城的安全。至於陰麗華，她是南陽郡陰家的千金，是個大美女，也是當時很多男人的夢中情人。

如果不是王莽找死，劉秀恐怕連執金吾都未必能當上，更不要說當皇帝、娶陰麗華了！

然而，王莽卻偏偏喜歡找死，一番大刀闊斧的改革，搞得天下大亂。

我看你這裡病得不輕，不要放棄治療！

在此期間，劉秀與劉縯都紛紛起義。

知道當時劉秀參加起義時，條件有多惡劣嗎？不但兵少將寡，而且裝備很差，差到什麼程度呢？連一匹戰馬都沒有，他只能騎著牛去打仗。

不，是你活膩了！

一個窮秀才也敢造反，是不是活膩了？

當時，眾多起義軍中有兩個扛壩子，一個叫綠林軍，一個叫赤眉軍。

為了團結一切可以團結的力量對抗王莽，劉秀與劉縯帶領手下一同加入綠林軍。

在綠林軍中，劉秀與劉縯的表現出類拔萃，尤其是劉縯。

王莽對劉縯既恨又怕。他曾下詔說，凡是殺掉劉縯者，獎勵食邑五萬戶，黃金十萬斤，封上公的爵位。此外，他還讓全國各地的官府衙門都掛上劉縯的畫像，讓官員們每天早晨拿箭射他。

不久，綠林軍的將領們想擁立漢高祖的後裔做皇帝，讓他帶領大夥與王莽抗衡。

當時，有兩個人選：一個是智勇雙全的劉縯，另一個是懦弱無能的劉玄。

你們猜大家會選誰？

大夥毫不猶豫地選了劉玄！

為何會選劉玄呢？因為劉玄和劉縯比起來，簡直就是個弱雞，很容易控制。劉玄有多弱呢？登基那天，群臣向他朝拜時，他汗流浹背，舉著手，張著嘴巴，一個字也說不出來。

劉玄稱帝後，劉縯做了什麼官呢？大司徒，外加漢信侯。

雖然聽起來還不錯，但在綠林軍中，頂多算是六號人物，和皇帝比起來，差得遠了。

這差距，任誰都
無法接受！

　　劉縯，功勞比皇帝大，人氣比皇帝高，這不是明擺著功高
震主嘛！功高震主的人大都沒有好下場，劉縯也不例外。
　　沒多久，他就被劉玄殺了。

只要你還活著，我這個
皇帝就做得不踏實！

這時，劉秀在做什麼呢？他正在前線打仗，且剛在昆陽之戰中打敗王莽的百萬大軍，立下赫赫戰功。

他聽說哥哥被殺後，是何反應呢？

哥哥無辜被殺，劉秀為何還要低三下四地向仇人謝罪呢？

因為以他現在的實力，還不能和劉玄撕破臉，所以只能選擇隱忍。

這筆帳，我先給劉玄記上！遲早有一天，我會讓他加倍奉還！

劉秀謝罪謝得催人淚下，搞得劉玄十分慚愧。為了彌補對劉秀的虧欠，劉玄拜他為破虜大將軍，並封武信侯。

我殺了你哥哥，你反倒向我謝罪，不給你升職加薪，不足以彌補對你的虧欠！

算你還有一點良心！

劉玄殺了劉秀的哥哥，又豈會不擔心他在背後捅刀子！為了避免他搞事情，所以劉玄解除了他的兵權。

此時，劉秀雖然職場失意，但情場得意。他終於如願以償地迎娶他的女神——陰麗華。

等了這麼多年，
總算抱得美人歸！

　　幾個月後，從前線傳來一個好消息：綠林軍成功攻入王莽老巢，並斬殺王莽，推翻建立僅十五年的新朝。

我有一種剛走紅
就糊掉的感覺！

新朝一亡，全國各地占山為王的起義軍領袖們沸騰了，紛紛摩拳擦掌，想要爭奪天下。

當時，能不能拿下河北，關係著綠林軍能否一統天下。

然而，能夠拿下河北的最佳人選非劉秀莫屬。

劉玄有意派劉秀前往河北，但當初慫恿他除掉劉縯的那幫狗腿子卻不贊同。

　　如何才能擺脫劉玄的控制，前往河北發展呢？劉秀的手下出了個主意。

　　果然，在左丞相父子的斡旋下，劉秀得償所願地被派往河北。

記得早去早回哦！

可以早去，至於回不回，看心情吧！

一到河北，劉秀猶如脫韁野馬，迅速壯大。這讓劉玄始料未及，也極其不安。

為了壓制劉秀，劉玄以明升暗降的方式，先封他為王，然後命他交出兵權。

打仗那麼辛苦，不如回後方做個逍遙快活的諸侯王！

我就是個苦命人，享不了這福！

劉秀心裡清楚，一旦交出兵權，他就如同被拔掉牙齒的老虎，任人宰割。於是，他以河北尚未平定為由，拒不服從命令。

　　不久，他還殺了劉玄派去監視他的心腹，並和劉玄徹底決裂了。

從今以後，你過你的獨木橋，我走我的陽關道！

最好別讓我遇見你，不然，送你和你哥哥團聚！

　　為了讓自己變得更加強大，劉秀決定吃掉銅馬、尤來等農民軍。

　　幸運的是，他很快便降伏數十萬銅馬軍。大家因此送他一個綽號：銅馬帝。

　雖然被人稱作「銅馬帝」，但劉秀這時還不是皇帝。

　不過，沒多久他就在河北登基稱帝，成為貨真價實的皇帝，史稱「光武帝」。

　此外，他仍用「漢」做國號，史稱「東漢」。

只要再消滅各地的割據政權，我就能一統天下！

　此刻，眾多起義軍中，有資格爭奪天下的可不只劉秀一家，還有另外兩家：

　一家是以劉玄為主的綠林軍建立的更始政權，另一家是以劉盆子為主的赤眉軍建立的建世政權。

還沒等劉秀出手，赤眉軍就和綠林軍打了起來。

赤眉軍不但打敗綠林軍，還殺了劉玄，更始政權從此滅亡。

　　赤眉軍都是一幫莽夫，哪裡是劉秀的對手，三下五除二，就被劉秀打敗，然後投降了。

大哥，別打了，
我願意給你當小弟！

剩下的其他對手都是弱雞，也都被劉秀一一打敗。

從登基到一統天下，
我花了整整十二年！

經過多年戰亂，國家亂成一鍋粥，人口僅剩十分之二。
為了讓國家盡快恢復元氣，劉秀開始大力發展經濟。

在劉秀的帶領下，人民紛紛脫貧致富，人口也飛速增長。這一時期，因此被稱為「光武中興」。

六十二歲那年，劉秀病逝了。儘管他一生替老百姓操碎了心，但在臨終前，卻還說自己沒做什麼對百姓有益的事。

　　這樣的好皇帝在中國歷史上恐怕打著燈籠都很難找到幾個。

好皇帝，我只服你！

肆

隋文帝楊堅

天生異象，命中注定要當皇帝

做為「帝國一哥」，哪位帝王身上要是沒有發生一些神乎其神的異象，恐怕都不好意思出來混。

例如，相傳漢高祖是他媽夢中與天神交合所生！漢武帝出生前，他媽曾夢見太陽墜入腹中！

光武帝出生時，紅光將產房照得通明！

如果翻閱《二十四史》，會發現這類發生在帝王身上的異象，比牛魔王身上的牛毛還多。

帝王身上為何會發生這麼多神奇的異象呢？

還不是為了證明他們是真命天子！

　　做為隋朝的開國之君，隋文帝楊堅身上究竟出現過哪些異象呢？還得從他剛出生時說起。

據說，楊堅出生時，紫光彌漫整個廳堂！

很快，有個來自河東的尼姑找上門，一臉神祕地對楊媽媽說：

這孩子不是凡人，不能在凡俗中餵養。不如把他交給我，我帶到別處親自撫養！

有免費的月嫂找上門，我當然求之不得！

有一次，楊媽媽抱著楊堅時，猛然發現他額頭長出龍角，渾身都是鱗片。她嚇得一哆嗦，失手將楊堅摔在地上。尼姑見狀，驚呼道：

你嚇著孩子了，致使他要等上很多年才能成為皇帝！

當時，正處在南北朝時期。有一年，北周的老大 —— 周太祖無意中碰見楊堅，還誇他說：

這孩子長得真帥，不像是凡人啊！

據《隋書》記載，楊堅外貌酷似蛟龍，額頭上長有五根像柱子一樣的印跡，連著頭頂，手掌上還有一個「王」字。

等到周明帝即位時，怎麼看怎麼感覺楊堅有帝王相，害怕楊堅搶他的皇位，便暗中派面相大師給楊堅看一看。

　　誰知道面相大師回去彙報工作時，卻對他撒了個謊。

　　面相大師轉過身卻對楊堅說了另外一番話。

到了周武帝執政時期，有個人像開天眼似的，一眼便看出楊堅有帝王相。這傢伙比較狠，直接勸周武帝殺了楊堅。

好在周武帝眼拙，沒動殺心，楊堅這才躲過一劫。

不過，讓楊堅萬萬沒有想到的是，後面還有更多劫難等著他！

準備好接受挑戰了嗎？

用不著準備！因為真正的高手都是見招拆招！

　　當時，太子娶了楊堅的女兒。有個刺兒頭三天兩頭向周武帝諷刺太子和楊堅。

一看太子，就知道不是當皇帝的料！你再看看他老丈人楊堅，卻長著一張造反的臉！我們大周王朝遲早會毀在這倆活寶手裡！

如果這是老天的意思，我能怎麼辦呢？

後來，太子即位，史稱「周宣帝」。

周宣帝做皇帝後，楊堅的女兒被冊封為皇后，楊堅是國丈，被封為上柱國、大司馬。按理說，這是好事，楊堅應該偷笑，對吧？但他卻整天愁眉苦臉。為何呢？因為他的人氣和威望都蓋過周宣帝，他怕周宣帝刁難。

周宣帝是個二貨，吃喝嫖賭樣樣精通。

小知識

你聽說過哪個皇帝同時擁有五個皇后嗎？周宣帝就是這樣的奇葩皇帝。他的五個皇后都不是善類，為了爭寵，經常掐架。

有一次，周宣帝不知道發什麼神經，對楊堅的女兒陰陽怪氣地說：

隨後，周宣帝把楊堅召進宮，並提前交代手下說：

楊堅一會兒過來，只要你們
發現他臉色異常，直接把他
砍成肉醬，用馬桶沖走！

沒問題！

讓周宣帝沒有想到的是，楊堅大大咧咧地過來了，臉上沒有任何異常。周宣帝找不到發飆的理由，這才作罷。

別讓我抓住你的把柄，
不然直接滅你滿門！

不好意思，我是個完人，
不存在任何把柄！

好色的皇帝大多短命，周宣帝就是活生生的例子，年僅二十二歲，就因為身體被掏空而去世。

周宣帝去世時，兒子周靜帝才八歲。你讓他玩泥巴可以，讓他治理國家，沒戲。所以，大權都落在楊堅手裡。

沒多久，楊堅便將周靜帝踢下龍椅，自己做了皇帝。此時，他已經四十一歲。

　　知道楊堅為什麼要將國號定為「隋」嗎？因為他以前的爵位叫隋國公。

稱帝後，楊堅隨手滅掉南北朝時期的最後一個國家——陳朝，進而一統天下。

自三國、兩晉、南北朝以來，一直戰亂不斷。楊堅一統天下，結束持續將近四百年的戰亂，可謂功德無量！

經歷多年戰亂，國家殘破不堪，老百姓窮得掉眼淚，連地主家都快沒有餘糧了。

為了讓國家富強，讓老百姓安居樂業，楊堅也是滿拚的。

其間，楊堅發揮良好的帶頭作用。做為帝王界的暴發戶，他從來不戴大金鏈子、鑲金牙，整天穿得像叫化子似的。他每頓飯只吃一個葷菜，看見老百姓吃糠嚥菜就掉眼淚，碰見老太太過馬路就停車避讓。還特別痛恨貪官，甚至經常派人假意賄賂官員，藉以試探他們是否廉潔。凡是收錢的貪官，還沒等錢花出去，就去閻羅王那裡報到了。

人不可以把錢帶進墳墓，但錢可以把人帶進墳墓！所以，做官不要太貪哦！

在楊堅的帶領下，隋朝迅速進入輝煌盛世，史稱「開皇之治」。

知道當時隋朝多富有嗎？儲存的糧食足夠全國人吃五、六十年！據說，直到唐太宗即位十一年後都沒有吃完！

楊堅雖然很精明，但晚年卻做了一件蠢事，間接導致隋朝滅亡。

他做了什麼蠢事呢？

廢掉太子楊勇，改立二兒子楊廣為太子！

楊堅為何要廢掉楊勇改立楊廣呢？

主要有兩個原因：
一、被獨孤皇后誤導；
二、他不知道楊廣是個戲精！

　　楊勇本來是個當皇帝的好苗子，沒想到卻栽在親媽獨孤皇后手裡。

獨孤皇后是楊勇和正妻的紅娘，但楊勇卻偏偏寵幸小妾，這種寵妾滅妻的行為讓獨孤皇后一直很不爽。後來，正妻因為失寵得病去世，獨孤皇后卻懷疑她是被楊勇的小妾害死，所以十分厭惡楊勇。

你犯的所有錯，我都會一一上報給你爹，讓他收拾你！

呸，連後媽都比妳對我好！

楊廣知道老媽討厭大哥，就偽裝成絕世好男人，整天只和正妻晒恩愛。

獨孤皇后被楊廣精湛的演技給騙了，所以特別喜歡楊廣，且經常慫恿楊堅換太子。

楊堅是個「妻管嚴」，什麼事都聽老婆的，所以很快便廢掉楊勇，改立楊廣為太子。

　　等楊堅病得爬不起來時，楊廣的好色本性瞬間表露無遺，甚至連他爸的小妾都不放過。

　　楊堅原本想廢掉楊廣，重新立楊勇為太子，可惜當時皇宮已經被楊廣控制。

　　不久，楊堅不明不白地駕崩。有人說他是病死的，也有人說是被楊廣害死。

楊堅一死，楊廣成功繼承皇位。他就是中國歷史上臭名昭著的大暴君——隋煬帝，隋朝就是在他手裡滅亡的。

伍

唐太宗李世民

文武雙全，打遍天下無敵手

文能提筆安天下的帝王很多，武能上馬定乾坤的帝王也很多，但文武雙全的帝王卻屈指可數，而唐太宗李世民算一個。

讚！

像你這麼出色的男人，無論在哪裡，都會像黑夜中的螢火蟲一樣，總是那麼鮮明，那麼出眾！

這馬屁拍得清新脫俗，我喜歡！

　　據說，李世民出生時，發生了一件怪事：有兩條龍在門外飛舞，一連三天才離去。

孩兒他爹，這是你請的舞龍表演嗎？

這是真龍，出場費貴著呢，我們家可請不起！

我們這是公益演出，不收取任何費用！

李世民四歲時，有個古怪的書生去他家串門子，並對他爹李淵說：

看你的面相是個大富大貴的人，而且還有一個大富大貴的兒子！

當書生見到李世民時，突然驚呼道：

天啊！這娃有龍鳳的姿容，天日的儀表，到二十歲時，必能濟世安民！

書生的言外之意是，李世民將來會做皇帝。但當時天下還是他表叔隋煬帝的，這話要是傳到隋煬帝耳朵裡，他們李家一個都別想活。

李淵擔心書生嘴上沒把門，到處瞎說，便想殺人滅口。然而，還沒等他動手，書生卻突然消失不見了。

我懷疑那個書生是神仙！他來我家，是故意向我洩露天機！

　　知道李世民的名字是怎麼來的嗎？就是他爹用書生所說的「濟世安民」為他取的名。

兒子啊，希望將來你的成就能對得起你的名字！

兒子絕不會讓您老人家失望！

有一年，隋煬帝出去玩，一不小心被突厥大軍重重包圍。

　　當時，國內沒人知道隋煬帝已經成為突厥的甕中鱉。他也無法打電話、傳訊息叫人來勤王。

　　怎麼辦呢？他靈機一動，發明一種「瓶中信」：將求救信綁在木塊上，放入河中，讓它順流而下。

我能不能活著回京就靠你了！

　　你還別說，這招還挺管用。大家撈到「瓶中信」後，便急吼吼地去救人。這些人中，就有年僅十六歲的李世民。

這可是我在歷史上第一次露臉哦！

　　倉促之間集結起來的隋軍少得可憐，而突厥卻有數十萬大軍。和突厥硬拚，勝算不大。

　　就在這時，李世民出了一個妙計給主將。

敵寇為何敢圍攻天子？還不是吃定天子倉促之間無法搬到救兵嘛！

只要我們多設疑兵，讓敵寇白天看到我們軍旗招展，夜晚聽到我們進軍的鼓聲不斷，他們就會誤以為我們的大批援軍已經趕到！他們見大軍前來救援，必定拔腿就跑！如果不這樣，真讓他們知道了我們的虛實，勝負難料！

主將依計行事。突厥大軍果然上當，嚇得連滾帶爬地跑回老巢。隋煬帝這才得以脫險。

你是猴子派來的救兵嗎？

不不！猴子現在還在五指山下壓著呢！

此時，儘管已經天下大亂，遍地都是起義軍，但隋煬帝仍不管不問，繼續到處玩。

小知識

為何會天下大亂呢？主要有兩個原因：一、隋煬帝愛打仗，周邊的國家幾乎沒有沒被他揍過的，例如高句麗、吐谷渾、契丹；二、隋煬帝愛濫用民力，例如開鑿大運河，營建東都洛陽，建造大型龍舟。他的這些愛好把當官的和老百姓都惹惱了，於是大家紛紛起義。

大家都聽說過程咬金、秦叔寶、尉遲敬德吧？他們就是因為在此期間參加起義而走紅的！

　　當時，李淵還是太原留守。李世民見隋朝遲早完蛋，便想發動起義，爭奪天下，但又怕老爸不答應。為了將老爸拉下水，李世民開啟「坑爹」模式。

李世民是怎麼坑爹的呢？他先讓老爸的死黨裴寂派宮女為李淵提供特殊服務，再讓裴寂對李淵說：「我私自讓宮女伺候你，這事要是讓皇帝知道了，你會死得很慘！是起義，還是等死，你自己掂量吧！」李淵見木已成舟，只好硬著頭皮造反。

還能找到比你更坑爹的人嗎？

應該沒有了吧！

起義後，李淵像開掛似的，一舉攻占隋朝的陪都大興城。

兒子啊，要不是你坑爹，老爹這輩子都不可能成為大興城城主！

大興城

不久，李淵的胃口變得愈來愈大，甚至大到想過把皇帝癮。

李淵想做皇帝，有三種辦法：第一種，自立為帝。這種辦法過於簡單粗暴，而且顯得名不正、言不順。第二種，逼皇帝禪讓。此刻，隋煬帝正在江都快活，想讓他禪讓，門都沒有。李淵選擇了第三種，先擁立身在大興城的隋煬帝孫子，年僅十三歲的代王楊侑為帝，並遙尊隋煬帝為太上皇，再找個恰當的時機逼楊侑禪讓。後來，隋煬帝在兵變中被殺，李淵便迫不及待地逼楊侑將皇位禪讓給自己。由於他曾經的爵位是唐國公，所以定國號為「唐」。

李淵稱帝後，李世民跟著升官，被封為秦王。

恭喜大王升職加薪！

此時，李淵的地盤不大，只有關中、河東一帶。想要一統天下，還要宰掉各地大大小小的競爭對手。

眾多競爭對手中，有兩根最難啃的骨頭：一個是在東都洛陽稱帝並建立鄭國的王世充，另一個是在河北建立夏國的夏王竇建德。

兩根硬骨頭很難同時啃下，先收拾哪個呢？李淵選中了王世充。派誰去收拾他呢？誰都知道，最佳人選非戰無不勝的李世民莫屬！

　　然而，就在王世充快被李世民滅掉時，誰都沒想到竇建德竟然跑來送死。

　　竇建德本是來幫王世充，結果不但沒幫到忙，還被李世民活捉。

是你自己來送死的，怨不得我！

遇到你這種無敵的對手，算我倒楣！

王世充一看，連竇建德都栽在李世民手裡，頓時變得像鬥敗的公雞似的。最後，他咬咬牙投降了。

聽說你打算把我活著帶給你爸？恭喜你，你成功了！

沒錯！不過，我爸也不介意我帶著你的屍體回去！

李世民一次啃掉兩根硬骨頭，功勞大得連他爹都不知道該怎麼封賞。最後，李淵一拍腦袋，又創造一個新崗位：天策上將。

知道天策上將的官職有多大嗎？僅次於皇帝和太子，且在王公之上！

整個唐朝，只有李世民一人曾榮獲此稱號！

| 皇上 |
| 太子 |
| → 天策上將 ← |
| 王公 |

消滅王世充和竇建德後，其他競爭對手都是小嘍囉，輕鬆被李淵搞定，唐朝成功一統天下。

這天下終於全部成為我們李家的了！

唐朝的建立和統一天下的過程中，誰的功勞最大呢？

> 毫無疑問，不是開國之君李淵，而是秦王李世民！

李世民的風頭不但蓋過皇帝李淵，更蓋過太子李建成。

這讓李建成很不爽，因為他怕有朝一日太子之位會被李世民取代。於是，他和弟弟齊王李元吉一同謀害李世民。

> 一家人不說兩家話，我們想弄死你！

> 你們可真是我的好兄弟啊！

為了除掉李世民，李建成和李元吉簡直無所不用其極。

他們曾打著請李世民吃大餐的名義，在酒中下毒，導致李世民吐血數升，差點一命嗚呼。

一計不成，兩人又生一計。

有一次，突厥來砸場子，李元吉奉命前去征討。他們想趁李世民為他們餞行之際，殺掉李世民，然後對李淵謊稱李世民是暴病而死。

他們哪裡會知道，李世民在他們身邊安插眼線，他們的一舉一動都在李世民的監視之下。

生死攸關之際，李世民決定發動「玄武門之變」，除掉李建成和李元吉。

發動「玄武門之變」的前一天，李世民向李淵打小報告說：

老爸，你還不知道吧？我那兩個兄弟和你的小妾有一腿！

那兩個畜生竟然敢給我戴綠帽？

他們不但給你戴綠帽，還想殺我！老爸，你得替我做主！

明天我把那兩個臭小子叫來，好好問問是怎麼回事！

讓李世民萬萬沒有想到的是，他打小報告的事被李淵的小妾張婕妤聽到。她和李建成、李元吉是一夥的，連忙將消息告訴二人。

第二天一早，二人剛到玄武門附近，早已埋伏在那裡的李世民帶領程咬金、秦叔寶、長孫無忌、尉遲敬德等人突然殺出。

二人見大事不妙，掉頭就跑，但為時已晚。李世民張弓搭箭，射殺李建成，李元吉則被尉遲敬德射殺。

李世民殺掉兩兄弟後，還做了一件事：把他們的軍師魏徵給綁了。魏徵此前曾多次幫李建成刁難李世民，李世民便責備他說：「你一個外人，為何要離間我們兄弟呢？」魏徵不卑不亢地說：「太子要是聽我的，說什麼也不會淪落到今天這個地步！」要是其他人，恐怕早把魏徵拉出去砍了，不過李世民見魏徵敢於直言，不但沒殺他，還委以重用。從後面的事情來看，李世民沒殺魏徵是明智的。要不是魏徵整天犯顏直諫，李世民創造的盛世肯定不會如此輝煌。

除掉李建成、李元吉後，李世民又逼著他爸將皇位傳給自己，他就是中國歷史上一提起來就讓人讚不絕口的唐太宗。

在唐太宗的治理下，唐朝空前強大起來，就連周邊的國家都甘願當小弟，尊他為「天可汗」。

由於唐太宗的年號為「貞觀」，因此後人將這段盛世稱為「貞觀之治」。

唐太宗雖然一世英名，但晚年卻由於疾病纏身，走上秦始皇、漢武帝的老路──迷戀煉製長生不老藥。

據說，李世民是因為服用天竺僧人煉製的丹藥而暴斃，享年五十二歲。

陸

宋太祖趙匡胤

我要是去演戲，影帝都沒飯吃

古今中外，在改朝換代時幾乎沒有不死人的，而且往往是血流成河，屍橫遍野。

　　如果誰能兵不血刃地改朝換代，這個人就可以稱得上是神人了。

相傳，趙匡胤出生時，紅光沖天，產房裡像噴香水似的，香氣盈鼻，久久不散。更離奇的是，他全身閃閃發光，一連三天都沒有消失。

長大後，趙匡胤曾想馴服一匹烈馬，結果一頭撞在城樓的門框上，並從馬上摔了下來。

大家都認為他的腦袋一定會被撞個稀巴爛，然而正當大家準備給他收屍時，卻發現他活蹦亂跳地爬了起來。

你小子是不是練過鐵頭功？

不，我有神龍護體！

不久，趙匡胤和一個朋友在房子裡玩六博戲。突然，有一群麻雀在外面打了起來。

兩人一時興起，便跑出去捕捉麻雀。然而，他們走出房門沒多久，房子就突然倒塌了。

敢情這群麻雀不是真心來打架的，而是來救我們的！

確切地說，是來救你的！

你是不是也認為，這種如有神助的人出去闖蕩一番，一定會大有作為？

事實恰恰相反！趙匡胤投了無數履歷，連一份最低薪資的工作都沒有找到！

其間，他曾投奔他爹的朋友王彥超。王彥超只給他一些錢，就把他打發走了。後來，趙匡胤當了皇帝，王彥超成為他的臣子。一次酒會上，趙匡胤回想起當年的事，便問王彥超：「我曾經去投奔你，你為何不接納我呢？」這是一道送命題，如果回答不好，可能要掉腦袋。王彥超回答：「當時，臣只是一個小小的刺史，一勺水哪裡容得下陛下這條神龍呢！再說了，如果當初我接納了陛下，陛下又豈會有今天！」一句話逗得趙匡胤哈哈大笑，從此不再追究此事。

沒有工作，連房租都交不起，趙匡胤只好住在寺廟裡。

還是住在寺廟好啊，再也不用擔心包租婆三天兩頭來催房租了！

正當他像很多剛畢業的大學生一樣為前途感到迷茫時，有個擅長算命的老和尚不但發了大紅包給他，還給他指了一條明路。

你向北走，
就會好運連連！

　　趙匡胤聽老和尚的話，一路向北，果然遇到生命中的兩個貴人。

　　第一個貴人是後周太祖郭威。

小知識

當時，郭威還沒有稱帝，但已經成為後漢的二號首長，掌管著全國兵馬，趙匡胤在他平叛期間加入他的隊伍。郭威稱帝建立後周之後，趙匡胤被任命為禁軍中的一個小首領，負責保衛皇帝安全。

第二個貴人是後周世宗柴榮。

小知識

柴榮是郭威的乾兒子。可能有人會問，一個乾兒子為何能繼承乾爹的皇位呢？這是因為郭威一家老小都被後漢的皇帝殺了，他沒得挑。

柴榮還是開封府尹時，趙匡胤就成為他的心腹。等柴榮做了皇帝，趙匡胤開始執掌禁軍，成為柴榮跟前的第一大紅人。

柴榮是一個特別能打仗的皇帝，為了平定天下，經常親自帶人四處砸場子。

小知識

當時，正處在五代十國時期。五代指的是唐朝滅亡後，在中原地區相繼出現的後梁、後唐、後晉、後漢和後周五個朝代；十國指的是當時中原之外的吳、前蜀、後蜀、南漢、南唐、吳越、閩、楚、荊南（即南平）和北漢十個割據政權。

雖然柴榮很能打，但整天跟著他出生入死的趙匡胤也不差。

　　當時，不管是北漢士兵，還是南唐士兵，一聽到趙匡胤的名字就想上廁所。

聽說敵方將領是趙匡胤，排隊上廁所的士兵能排成一條長龍！

　　有一年，南唐士兵被趙匡胤打得落花流水，南唐皇帝便想背地裡使壞，透過離間計除掉趙匡胤。

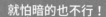

南唐皇帝打算如何實行離間計呢？他悄悄送了一筆鉅款給趙匡胤。

讓南唐皇帝意想不到的是，他賠了夫人又折兵。

有一天，柴榮在行軍途中意外得到一個皮口袋，他打開一看，瞬間氣炸了！

皮口袋裡裝有一塊木板，木板上赫然寫著五個字：點檢做天子。

當時，擔任殿前都點檢的人是誰呢？郭威的女婿張永德。

女婿可比乾兒子親，為何郭威沒把皇位傳給你呢？

老丈人無力，我有什麼辦法呢！

古往今來，沒有一個帝王能容忍自己的皇位受到威脅，柴榮也不例外。所以，柴榮也不管「點檢做天子」這事可不可信，直接把張永德的殿前都點檢一職撤了。

寧可信其有，不可信其無！

我躺著都能中槍！

但柴榮隨即又做了一件蠢事：讓趙匡胤接替張永德，擔任殿前都點檢。

如果我是你，就直接廢除殿前都點檢一職，永遠不再讓人擔任！

不好意思，你是你，我是我！

沒過多久，柴榮因病去世，年僅三十九歲，由他七歲的兒子柴宗訓繼承皇位。

讓柴榮萬萬沒想到的是，他死後，真正的大老虎才漸漸浮出水面。而這隻大老虎就是新任殿前都點檢趙匡胤。

柴榮永遠不知道，「點檢做天子」這話將會應驗在我身上！

就在趙匡胤苦思如何取代柴宗訓時，北漢和契丹突然打來了。趙匡胤聽到這個消息後，樂開了花。

北漢和契丹簡直就是我的神助攻！

朝廷派趙匡胤去抵禦，然而，就在趙匡胤帶著大軍到達陳橋驛的當晚，他雇用的一批臨時演員開始表演了。

等到第二天天快亮時，這批臨時演員不由分說，衝進趙匡胤的營帳，把黃袍披在他身上，然後集體下拜，高呼萬歲。

這就是「黃袍加身」的故事。

趙匡胤假裝很不情願地接受將士們的懇請，對將士們說：

你們逼我做皇帝，我可以答應你們。但我的命令，你們聽不聽從呢？

必須聽從！

不能騷擾太后、皇帝，不得侵犯、凌辱朝廷命官，也不能搶劫府庫和老百姓。如果你們聽從命令，我有重賞；如果你們違抗命令，別怪我翻臉不認人！

沒問題，我們照單全收！

等安排好一切後，趙匡胤帶著士兵浩浩蕩蕩地返回開封。

早已控制京城的禁軍將領石守信等人紛紛打開城門，將趙匡胤迎入城中。

不久，柴宗訓被趕下臺，趙匡胤兵不血刃地做了皇帝。

由於當時他兼任著歸德軍節度使，而歸德軍節度使的任所在宋州，因此定國號為「宋」。

這皇位得來全不費功夫，簡直讓人不敢相信！

　　一般來講，一個皇帝搶了另一個皇帝的皇位，通常會把後者及其宗族殺光殺淨，以絕後患。

　　趙匡胤是怎麼做的呢？不但沒有殺柴宗訓及其宗族，反而還加以優待。

宋朝的皇帝們有沒有遵守趙匡胤的兩條遺訓呢？

基本上都遵守了！

此時，趙匡胤雖然做了皇帝，但心裡卻一點都不踏實。為什麼呢？因為他的祕書趙普給他說了一番話。

石守信等人掌管著禁軍，很容易對陛下不利，陛下最好還是替他們換個崗位！

這都是我的死黨，他們不可能背叛我！

我不擔心他們會背叛陛下，但他們都不是統御之才，就怕他們駕馭不了手下的小弟。一旦有人慫恿他們謀反，恐怕由不得他們不答應！你再仔細想想，你的江山是怎麼來的！

為了避免當初幫他奪取皇位的那幫禁軍將領奪去他的皇位，趙匡胤決定把大家叫來一起喝酒，在酒桌上把這個棘手的問題解決了。

我在開封城最好的酒吧開了間包廂，大家一定要去捧場啊！

東風吹，戰鼓擂，喝個小酒誰怕誰！

正當大家喝得盡興時，趙匡胤突然說了句意味深長的話。

要不是你們這幫兄弟幫忙，我怎麼可能成為皇帝呢！不過，當皇帝太累了，還不如做個節度使快樂呢！

石守信等人一聽這話，頓時傻了，紛紛問他原因。

陛下何出此言？如今天下已定，哪個不知死活的傢伙敢搶您的皇位呢？

我總擔心別人搶我的皇位啊！

你們當然不會搶，但你們手下的小弟想要榮華富貴，一旦把黃袍披到你們身上，你們雖然不答應，但又能怎麼樣呢？

哎呀！說來說去，你是擔心我們啊！

石守信等人猶如醍醐灌頂，嚇得連忙放下酒杯，跪倒一片，對趙匡胤說：

我們實在是太蠢了！怎麼沒有想到會有這種情況發生呢？請陛下指條明路給我們！

趙匡胤見他們挺識時務，便對他們說：

人活著不就是為了多掙點錢，讓自己和子孫過上好日子嘛！不如你們放棄兵權，做個地方官，多買一些房子、田地，再買點舞女，整天飲酒作樂，豈不快活！我再和你們結為兒女親家，我們君臣之間，互不猜忌，上下相安，豈不是兩全其美！

話都說到這個分上了，由不得石守信等人不答應。

第二天，石守信等人紛紛稱病，辭掉工作。

趙匡胤就這樣輕鬆解除他們的兵權，這事被稱為「杯酒釋兵權」。

待皇位穩固後，趙匡胤把所有心思都放在統一天下上。

然而，就在他滅掉南漢、南唐等國後，沒想到和弟弟趙光義吃了頓飯，就在半夜離奇去世。

更奇怪的是，趙匡胤死後，繼承皇位的不是他兒子，而是他弟弟趙光義。

大家都知道，幾歲甚至剛出生幾個月的皇子都有繼承皇位的先例。當時，趙匡胤有兩個兒子，一個已經二十五歲，另一個也十七歲了，他們卻沒能繼承皇位，難道不奇怪嗎？

　　有人猜測，趙匡胤很可能是被奪取他皇位的弟弟害死的。當然，也有人認為趙匡胤是病死的。

趙匡胤到底是怎麼死的？

恐怕只有天知道了！

柒

明太祖朱元璋

男人不狠，地位不穩

如果比屠殺功臣，恐怕沒有哪位帝王比明太祖朱元璋做得更絕了！

　　據說，他媽剛懷上他時，曾夢見一位天神送給她一粒閃閃發光的藥丸。她吞下後，猛然驚醒，並發現口有餘香。

　　等到朱元璋出生時，產房裡竟然紅光閃閃。
　　鄰居們還以為他家失火了，迅速組成一支消防隊前去滅火，但他們趕到後才發現他家是生了孩子。

你家孩子遲早會火紅！

　　然而，還沒有等到爸媽和哥哥見到朱元璋大紅的那一天，他們就被饑荒和瘟疫奪去生命。

　　那一年，朱元璋只有十七歲。

　　沒錢吃飯，怎麼續命呢？朱元璋咬咬牙，到皇覺寺出家了。

他原以為剃了頭，做了和尚就餓不著了，豈料皇覺寺裡僧多粥少！

沒想到當和尚競爭這麼大！

那不算什麼！在二十一世紀，想做和尚，至少得有本科學歷！

在皇覺寺待了一個月，朱元璋便不得不披上袈裟，拿著托缽，四處乞討。

施主，我幾天沒吃飯了，施捨點錢吧？沒帶現金的話，可以行動支付！

元朝末年，統治者大多是吸血鬼，恨不得將老百姓敲骨吸髓，結果搞得民怨沸騰。

就在朱元璋雲遊四海期間，白蓮教領袖韓山童、劉福通和徐壽輝、彭大、趙均用、郭子興等人紛紛起義。

哪裡有壓迫，
哪裡就有反抗！

　　二十四歲那年，面對亂成一鍋粥的國家，朱元璋做了一件改變自己命運，同時也改變天下人命運的事：造反。

怎麼就下定決心
造反了呢？

我占了一卦，卦象顯示，
無論是逃跑還是留下都不
吉利，只有造反最吉利！

　　當時，起義軍多如牛毛，投靠誰呢？朱元璋火眼金睛，選中了郭子興。

不過，他去濠州找郭子興時，還鬧了個笑話。衛兵以為他是間諜，就把他給綁了。

郭子興見朱元璋長得英武不凡，不但放了他，還讓他做親兵。

朱元璋每次打仗都像開掛似的，逢戰必勝。郭子興一高興，把乾女兒許配給朱元璋，而這個乾女兒就是後來大名鼎鼎的馬皇后。

　　別看濠州不大，但元帥不少，除了郭子興，還有孫德崖等四人。

　　孫德崖四人都是大老粗，整天像土匪似的，殺人放火，無惡不作，郭子興打心眼裡鄙視他們。

被人鄙視是一件讓人很惱火的事，孫德崖等人的自尊心很受傷，便聯合起來排擠郭子興。

後來，徐州的彭大、趙均用被元軍打敗，也跑到濠州。

由於兩人名氣大，所以郭子興、孫德崖等五人甘願當他們的小弟。

你們很會辦事！

郭子興和彭大滿合得來，卻很鄙視趙均用。

孫德崖四人樂了，因為他們想到收拾郭子興的辦法。

郭子興這個殺千刀的，只知道這濠州城裡有彭將軍，卻不知道有您趙將軍啊！

瞧不起自己的上司是職場大忌！趙均用很生氣，就把郭子興給綁了，關在孫德崖家裡。

沒想到會有今天吧！

朱元璋出差回來，聽說郭子興讓人給抓了，便急吼吼地去找彭大救人。

有我在，沒人敢傷害郭子興！

彭大帶著朱元璋氣沖沖地衝到孫德崖家，救出郭子興。

此仇不報非君子！

不久，彭大、趙均用自立為王，郭子興等五人依然還是元帥。小小的濠州城竟然有兩個王、五個元帥，這讓朱元璋哭笑不得。

考慮到一直待在濠州，不會有什麼出息，朱元璋便帶領徐達、湯和等小夥伴出去搶地盤。

朱元璋一出手，便收編三千民兵。更厲害的是，他還用這
三千民兵招降二萬兵馬。

後來，朱元璋攻占和州。孫德崖因為士兵吃不上飯，便靦著臉向朱元璋求助，朱元璋沒和他計較以前的事，就接納了他。

沒想到這事讓郭子興知道了！郭子興當時氣炸了，怒氣沖沖地跑到和州。

你這是想氣死我，好繼承我的軍隊嗎？

孫德崖聽說郭子興跑到和州，本來打算走人，沒想到卻被郭子興活捉。

然而，正當郭子興準備將孫德崖千刀萬剮時，他得到一個讓他萬念俱灰的消息：朱元璋被孫德崖的人綁票。

為了救出朱元璋，郭子興只好放了孫德崖。

進嘴的肥肉還得吐出來，這讓郭子興大倒胃口。結果沒多久，他就去世了。

我是被活活氣死的！

郭子興一死，本來該輪到朱元璋當元帥，可惜他卻沒有那麼幸運。

有郭天敘壓朱元璋一頭，朱元璋很難出頭。不過，好在元軍幫他除掉了郭天敘。

郭天敘一死，郭子興的兵馬全部歸朱元璋了。

沒多久，朱元璋攻破集慶，將其改名為應天府。從此，朱元璋便有了自己的根據地。

俗話說，先出頭的椽子先爛。小明王最先出頭，也最先失敗。

走投無路之際，小明王只好向朱元璋求救。朱元璋救是救了，但沒幾年，小明王卻離奇地死掉。

此後，能和朱元璋爭奪天下的只有三人，分別是陳友諒、張士誠和方國珍。

鹿死誰手尚未可知呢！

有這麼多對手，是先撿軟柿子捏呢？還是先啃硬骨頭呢？

當然先啃硬骨頭了！
啃掉硬骨頭，其他的
都不堪一擊！

一、打趴陳友諒

三人中最難搞定的是陳友諒。

小知識

陳友諒家起初是靠打魚為生，祖上原本不姓陳，後來入
贅到陳家，就隨陳家的姓了。有一次，有個算命先生看
過他家祖墳，便對他說：「你未來一定會大富大貴！」
等到以賣布為生的徐壽輝起義後，他便投奔徐壽輝。

徐壽輝稱帝後，陳友諒憑藉超強的業務能力，一步步做到
領兵元帥。

不過，陳友諒特別不厚道，後來發動兵變殺掉徐壽輝，並自立為皇帝，定國號為「漢」。

陳友諒當時有多強大呢？他的兵力是朱元璋的三倍。此外，他還擁有數百艘「古代版航空母艦」——高達數丈的戰船。

為了一決高下，朱元璋和陳友諒在鄱陽湖進行一場廝殺。

結果，陳友諒被朱元璋的人用箭射穿頭顱，當場斃命。
陳友諒一死，漢軍隨即土崩瓦解。

陳友諒投奔徐壽輝時，他爹曾經阻止過，但他油鹽不進。陳友諒大富大貴後，便想把他爹接到身邊，讓他爹跟著他享清福。誰知道他爹不但拒絕，還說：「如果我跟你去了，還不知道自己會死在哪裡呢！」如今看來，他爹還是很有遠見的。

不聽老人言，
吃虧在眼前！

二、活捉張士誠

張士誠起初是個鹽販，對錢不怎麼感興趣，掙了錢就拿去做慈善，所以沒少圈粉。

但有些買家給惡意負評不說，還賴帳，甚至羞辱他。他一氣之下，殺光那些奇葩買家，帶領一幫粉絲造反。

沒多久，他便自立為王，並建立「大周」政權。

有一年，朱元璋想和張士誠做筆友，便寫了一封信讓快遞員送過去。然而，張士誠不但扣押快遞員，還發兵攻打朱元璋。

可惜，張士誠被朱元璋打得接連大敗，只好向朱元璋求和。

兄弟，之前是我有眼不識泰山。這樣，我每年送你二十萬石大米，五百兩黃金，三百斤白銀，過去的事，我們一筆勾銷！

每年送五十萬石大米給我，之前的事就算了！

張士誠嫌朱元璋胃口太大，所以沒有答應。

第二年，朱元璋便派大軍分幾路攻打張士誠，並活捉他弟弟張士德。

朱元璋本來想透過張士德招降張士誠，沒想到張士德卻偷偷寫信慫恿張士誠投降元朝。

張士誠聽了弟弟的話，投降元朝，並取消王號。弟弟也挺有骨氣，絕食而死。

沒多久，張士誠又背叛元朝，自立為「吳王」。
他屢屢派兵收拾朱元璋，但都是竹籃打水一場空。
後來，他反倒被朱元璋端了老巢。

張士誠本來想上吊自殺，卻被手下人救了。

張士誠沒有死成，最後被朱元璋活捉了。
送到應天（今南京）後，張士誠還是上吊自殺了。

三、降伏方國珍

　　方國珍和張士誠一樣，也是個鹽販。

　　有一年，有個仇家誣告他與海盜勾結，他一怒之下殺死仇家，跑到海上做起海盜。

　　朱元璋想招降他，他知道和朱元璋作對，猶如蚍蜉撼大樹，只好假裝臣服於朱元璋。

朱元璋不但沒有讓方國珍的兒子當人質，反而還給他封了官。不過，方國珍卻以生病為由拒絕接受官職。

　　他為何不接受呢？因為一旦接受，就等於承認自己是朱元璋的小弟了。

當朱元璋的小弟，
太沒面子了！

　　朱元璋看出方國珍是城隍廟娘娘有喜──心懷鬼胎，便警告他說：

我本以為你是個豪傑，識時務，沒想到你卻居心叵測，派你兒子來查探我的虛實，還裝病拒絕我所封的官職！智者能轉敗為功，賢者能因禍得福，你還是好好想想吧！

方國珍收到朱元璋的信後，連看都沒看，直接拿去擦屁股了。

堅決不向惡勢力低頭！

　　沒多久，朱元璋便派大軍攻打方國珍，方國珍接連戰敗，最終不得不逃到了海上。

　　方國珍見已經無法翻盤，不久便上表投降。

你違背我的告誡，不馬上收手，反而逃到海上，負恩實在太多了！

不過，今天看你言辭懇切，以前的事就算了！希望你不要多疑！

　　隨後，方國珍親自去向朱元璋請罪。朱元璋沒有處罰他，只是封閒官給他。

多年後，方國珍病死在京城（指南京），也算是壽終正寢了。

擺平陳友諒、張士誠和方國珍後，朱元璋接下來要做一件更為重要的事：滅掉元朝，一統天下。

還沒等滅掉元朝，朱元璋便迫不及待地在南京稱帝，並建立明朝。

就在朱元璋稱帝幾個月後，明軍便攻破元朝首都——大都。元順帝倉皇逃回大草原上，元朝覆滅。

統一天下後，朱元璋開始重整山河，例如獎勵耕種，減免稅收，解放奴婢，打富豪，嚴懲貪官。

朱元璋一生特別憎恨貪官，憎恨到什麼地步呢？貪汙六十兩銀子就要殺頭。遇到巨貪，他甚至把人皮完整地剝下來，並在裡面填充稻草，然後懸掛在衙門口，用以警告其他官員。

官再大，錢再多，閻王照樣往裡拖！

在朱元璋的帶領下，人們很快過上幸福生活，史稱「洪武之治」。

然而，誰都沒有想到朱元璋竟然是一個過河拆橋的人！

除了一些死得早的功臣，其他幫忙奪取天下的幾乎被他屠戮殆盡。

朱元璋為什麼要屠殺功臣呢？還不是為了鞏固他家的天下！

他屠殺功臣時，卻沒有想到竟然坑了孫子建文帝。

因為當他四兒子朱棣造反時，建文帝手下已經沒有優秀的將領能夠帶兵收拾朱棣了！

這才導致朱棣輕易攻入南京，搶了建文帝的皇位。

清聖祖康熙帝

人生需要不斷打怪升級

如果比誰在皇帝的崗位上工作時間最長，中國沒有哪位皇帝能超越清聖祖康熙皇帝。

朕八歲入職，六十九歲病死在工作崗位上，前前後後工作六十一年！

康熙皇帝名叫玄燁，是順治皇帝的第三個兒子。

玄燁打小就是個學霸，對學習十分痴迷。痴迷到什麼程度呢？讀書能讀到吐血。

什麼鑿壁偷光、聞雞起舞、牛角掛書，和我比起來都弱爆了！

玄燁六歲時，順治皇帝曾讓皇子們談談自己的職業規劃。玄燁當即便給出一個能甩二哥八條街的答案。

　　八歲那年，玄燁聽到一個噩耗：年僅二十四歲的老爸突然駕崩了！

　　別看順治皇帝當時年紀輕輕，但光兒子就有八個。
　　他為何偏偏將皇位傳給年僅八歲的三兒子玄燁呢？

除了玄燁天生就是當皇帝的好苗子之外，據說還因為他曾得過天花，身體產生免疫！這也間接證明了，順治皇帝很可能是得了天花而駕崩的。

玄燁即位後，改年號為「康熙」，所以大家都叫他「康熙皇帝」。

康熙來了！

做為一代英主，康熙皇帝簡直就是打怪升級的一生。

那麼，他是如何打怪升級的呢？我們一個個地說。

一、擒鰲拜

順治皇帝去世前，找了四個王牌助理給康熙皇帝，分別是：

| 索尼 | 蘇克薩哈 | 遏必隆 | 鰲拜 |

但讓康熙皇帝沒有想到的是，他爹留給他的四個助理都自帶 bug。

索尼雖然威望高，但大半截身子已經埋入黃土！

蘇克薩哈資歷淺，大家不服他！

四人本來應該擰成一股繩輔佐皇帝，沒想到卻時常為爭權奪利窩裡鬥。最後，讓猛男鰲拜占上風。

鰲拜特別囂張，誰要是敢招惹他，他直接把人家扔進監獄或殺掉。

　　更囂張的是，鰲拜連皇帝都不放在眼裡，讓康熙皇帝對他動了殺心。

　　如何才能扳倒鰲拜又不打草驚蛇呢？

康熙皇帝想了一個很奇葩的主意：他挑選一幫小夥子，整天陪他練習摔跤。

摔跤吧，兄弟！

　　鰲拜以為康熙皇帝貪玩，就沒當回事。

你不去參加奧運會，簡直埋沒人才！

然而，讓鰲拜沒有想到的是，有一天他一進宮，就被那幫整天練習摔跤的小夥子拿下了。

　　這一年，康熙皇帝才十六歲。

　　俗話說，牆倒眾人推，破鼓萬人捶。鰲拜一失勢，大家紛紛請求將其誅殺。

康熙皇帝念在鰲拜曾在清朝平定天下的過程中立過赫赫戰功，便饒他一命，將其終身監禁。

我雖然饒你一命，但你必須把牢底坐穿！

你還是殺了我吧！

被關進監獄的當年，鰲拜便死掉了。
從此以後，再也沒人敢和康熙皇帝作對。

各位，你們喜歡的霸道總裁上線了！

二、平三藩

康熙年間，有三個割據一方的藩王，分別是：

平西王吳三桂　靖南王耿精忠　平南王尚可喜

這三人和占山為王的山大王一樣，擁兵自重，成為朝廷的心腹大患。

康熙皇帝早想撤藩，但一直沒有找到合適的時機。

直到尚可喜上疏請求告老還鄉，並讓他兒子尚之信接替他做平南王時，康熙皇帝才出手。

就在這時，吳三桂想試探一下皇帝會不會也撤他的藩，於是主動上表請求移藩。

所謂「移藩」，就是換個地方工作。

康熙皇帝心裡清楚，撤藩，吳三桂會反；不撤藩，吳三桂也會反。

既然他早晚要反，不如早點逼他造反，這樣更容易制伏他！待他羽翼豐滿，再想收拾他，就難如登天！

　　於是，康熙皇帝便下令准許吳三桂移藩。
　　當吳三桂收到移藩命令時，頓時傻眼！

你你你——不按劇情走！

「移藩令」徹底激怒吳三桂，便抄起傢伙造反了！

吳三桂造反的同時，還不忘拉上耿精忠、尚可喜。

耿精忠二話不說，反了。

但尚可喜說什麼都不願意造反。

尚可喜雖然不願意造反，但他有個坑爹的兒子叫尚之信，把他控制住，然後帶著他的部隊反了，還把他給活活氣死。

　　三藩同時造反，吳三桂樂壞了，準備大幹一場。但讓他沒有想到的是，打著、打著，耿精忠、尚之信雙雙投降了。

吳三桂獨木難支，接連戰敗。眼看就要完蛋了，他決定過把皇帝癮，於是在衡州（今湖南衡陽）稱帝，建立「大周」政權。

　　然而，不到半年，吳三桂就病死了。
　　吳三桂去世後，將皇位傳給孫子吳世璠。

吳世璠也沒能扭轉敗局，最後兵敗自殺。

歷時八年的「三藩之亂」終於被徹底平定，從此國內一片安定。

朕，就是要給天下人一個太平盛世！

三、平定臺灣

明朝末年，荷蘭殖民者趁明朝不備侵占臺灣。這一占，就是三十多年。

我們還想再占五百年！

我看你們是想死！

在此期間，明朝被清朝滅了。

不過，有個叫鄭成功的明軍將領說什麼都不肯替清朝打工，但他又打不過清軍，為了找個容身之地，便盯上臺灣。

鄭成功三下五除二便打跑荷蘭人，平定了臺灣。

不過，平定臺灣沒幾個月，鄭成功便去世了，年僅三十八歲。

等鄭成功年僅十二歲的孫子鄭克塽接手臺灣時，康熙皇帝認為是時候平定臺灣了。

派誰去平定呢？有人向康熙皇帝推薦大將軍施琅。

說起來，施琅還曾是鄭成功的得力助手。後來，兩人鬧矛盾，鄭成功要殺施琅，他只好跳槽到清朝。

施琅驍勇善戰，又對臺灣瞭若指掌，所以不費吹灰之力便平定臺灣。

不管是擒鰲拜、平三藩、平定臺灣，還是後來驅逐入侵的沙皇俄國、打趴準噶爾，對康熙皇帝而言，都是張飛吃豆芽──小菜一碟。

那都不是事

然而，一生中唯一讓康熙皇帝心力交瘁的是他的九個狼崽子。這幫狼崽子為了爭奪皇位，天天骨肉相殘。

九位皇子鬥來鬥去，誰都沒有想到，康熙皇帝在臨死前卻將皇位傳給自稱「天下第一閒人」的老四胤禛，就是後來的雍正皇帝。

HISTORY 系列 111

天子大進擊：歷代帝王的千秋萬世

作　　者 —— 韓明輝
副總編輯 —— 邱憶伶
責任編輯 —— 陳映儒
行銷企畫 —— 林欣梅
封面設計 —— 兒日
內頁設計 —— 張靜怡

編輯總監 —— 蘇清霖
董 事 長 —— 趙政岷
出 版 者 —— 時報文化出版企業股份有限公司
　　　　　　108019 臺北市和平西路三段 240 號 3 樓
　　　　　　發行專線 —— (02) 2306-6842
　　　　　　讀者服務專線 —— 0800-231-705．(02) 2304-7103
　　　　　　讀者服務傳真 —— (02) 2304-6858
　　　　　　郵撥 —— 19344724 時報文化出版公司
　　　　　　信箱 —— 10899 臺北華江橋郵局第 99 信箱
時報悅讀網 —— http://www.readingtimes.com.tw
電子郵件信箱 —— newstudy@readingtimes.com.tw
時報出版愛讀者粉絲團 —— https://www.facebook.com/readingtimes.2
法律顧問 —— 理律法律事務所　陳長文律師、李念祖律師
印　　刷 —— 勁達印刷有限公司
初版一刷 —— 2023 年 5 月 12 日
定　　價 —— 新臺幣 380 元
（缺頁或破損的書，請寄回更換）

時報文化出版公司成立於 1975 年，
1999 年股票上櫃公開發行，2008 年脫離中時集團非屬旺中，
以「尊重智慧與創意的文化事業」為信念。

天子大進擊：歷代帝王的千秋萬世／韓明輝著．
-- 初版 . -- 臺北市：時報文化出版企業股份有
限公司, 2023.05
240 面；14.8×21 公分 . --（History 系列；111）
ISBN 978-626-353-784-2（平裝）

1. CST：帝王　2. CST：傳記
3. CST：通俗作品　4. CST：中國

782.27　　　　　　　　　　　112006074

ISBN 978-626-353-784-2
Printed in Taiwan